AF277280

Todos los libros de Linkgua Ediciones cuentan con modelos de Inteligencia Artificial entrenados por hispanistas. Pregúntale al chat de tu libro lo que desees acerca de la obra o su autor/a.

Para ebooks: Accede a nuestro modelo de IA a través de un enlace.

Para libros impresos: Escanea el código QR de la portada con tu dispositivo móvil.

Obtén análisis detallados de nuestros libros, resúmenes, respuestas a tus preguntas y accede a nuestras ediciones críticas generativas para una experiencia de lectura más enriquecedora.

La transparencia y el respeto hacia la autoría de las fuentes utilizadas son distintivos básicos de nuestro proyecto. Por ello, las respuestas ofrecen, mediante un sistema de citas, las fuentes con las que han sido elaboradas.

Francisco de Quevedo

# La culta latiniparla

Barcelona 2025
Linkgua-edicion.com

# Créditos

Título original: La culta latiniparla.

© 2025, Red ediciones S.L.

e-mail: info@linkgua.com

Diseño de cubierta: Michel Mallard.

ISBN rústica ilustrada: 978-84-1076-115-5.
ISBN ebook: 978-84-1076-114-8.

# Sumario

# Brevísima presentación

La culta latiniparla es una obra breve de Francisco de Quevedo y Villegas, un destacado poeta y escritor español del siglo XVII. Este libelo, publicado en 1631, es una sátira que se burla de los vicios y excesos del lenguaje culto y pedante de la época.

En La culta latiniparla, Quevedo critica el uso excesivo de latinismos y expresiones complicadas en el lenguaje cotidiano, señalando la pretensión y el vacío intelectual que esto conlleva. A través de una serie de diálogos y narraciones cómicas, el autor ridiculiza a los personajes que se jactan de su conocimiento erudito y su habilidad para expresarse en latín, pero que a menudo carecen de verdadero entendimiento y sabiduría.

Quevedo utiliza un lenguaje ingenioso y mordaz para exponer la hipocresía y la falta de autenticidad de aquellos que pretenden ser cultos sin realmente comprender lo que están diciendo. La obra muestra el dominio del autor en el uso del humor y la ironía para señalar las debilidades humanas y sociales.

En resumen, La culta latiniparla es una sátira escrita por Francisco de Quevedo que se burla del lenguaje culto y pedante de la época, criticando la pretensión y el vacío intelectual que a menudo acompaña a ese tipo de lenguaje. La obra muestra la maestría de Quevedo en el uso del humor y la ironía para señalar las debilidades humanas y sociales.

# Catecisma de vocablos

para instruir á las mugeres cultas y hembrilatinas.

Lleva un disparatorio como vocabulario para interpretar y traducir las damas gerigonzas, que parlan el Alcoran macarrónico, con el laberinto de las ocho palabras.

Compuesto por Aldrobando Anatema Cantacuzano, graduado en tinieblas, docto á obscuras, natural de las soledades de abaxo.

Dirigido a Doña Escolástica Poliantea de Calepino, Señora de Trilingüe y Babilonia.

## Dedicatoria

Siendo v. merced mas conocida por los circunloquios, que por los moños de tan lindas sinedoches y cacofonias, y tan ayrosa de hipérboles, y tan Nebrisense de palabras, que tiene mas nominativos que galanes; y siendo la dama de mas arte (de Antonio) que se ha visto: mas Merlicocayca que Merlin: obligación le corre al mas perito (y no es fruta) de encimarla en los principios inacesos de otra, si no tan siderea estimación aplaudida, si bien de menos trisulca pena (Plauto sea sordo), dirigiéndola este candil para andar por las prosas lúgubres. Es v. merced adivinanza perene, y tiene enigma lluvia, y pueden á su menor visita exâminar ordenantes. Es v. merced mas repetida por su estilo, que el susodicho: aquel hidalgo que no dexa descansar renglon en los procesos. Son v. merced y la algaravía mas parecidas que el freir y el llover. Un papel suyo leimos ayer yo y un Obispo Armenio y dos Gitanos, y casi un Astrólogo y medio Doctor: íbamos por él tan á obscuras, como si leyeramos simas, y nos hubimos de matar en un obstáculo y dos naufragantes que estaban al volver de la hoja. No bastó construirle ni estudiarle: y así le conjuramos, y á poder de exôrcismos se descubrieron dos medios renglones que iban en hábito de Pacubros, y le lanzamos los obsoletos como espíritus. Mil Tucidides eché á v. merced como bendiciones, que discurre tan á matar candelas, que la podemos llamar discreta paulina. Si v. merced escribiendo tan à porta inferi, acaba de logobrecerse, dirá que su lenguaje está como una boca de lobo, con tanta propiedad como una mala noche, y que no se puede ir por su conversacion de v. merced sin linterna. Aurore Dios á v. merced, y la saque de Princesa de las tinieblas, que es relativo del demonio, pues es Príncipe de ellas. Vale en culto, no en testado de escribano. Pridie Idus. Ya entiende v. merced, y si no haga cuenta que se oye.

Licenciado Cantacuzano

## Al Claro, Diáfano, Chirle, transparente y meridiano Lector de lenguaje tápido y á buenas noches.

Doliéndome de ver apareada la blandura de los requiebros en conchas de latines de acarreo, y los ruegos enamorados con el cilicio de gramaticales cerdas; y considerando con el pujo que los enamorados de romance deletrean lo culterano de las damas, que ahora hablan nublado, y retazos de Quis, vel qui: y compadecido de que á las hermosuras legas por justos juicios se les haya revestido en el cuerpo tan extraña gerihabla; y viendo que los clamistas de noches al son de campanilla, dicen: acuérdense, hermanos, de los que están en pecado mortal, y de los que andan por la mar, y de aquellos y aquellas que están en poder de culteros. Por todas estas cosas he resuelto fabricarte este Lampion contra palabras murciélagas y razonamientos lechuzas. Todo debaxo de la correccion de los clarísimos de Venecia, y no es pulla.

## Lampion

És conveniente que las que siguen esta doctrina, y chirrean confusiones, lo que antes quando eran legas fue cierta persona, dixo esto Gonzalez, y dixo estotro, bien dixo don Juan hoy sea. Platon enseña, dogma es de Estagirita: así lo razona Homero. En las visitas al levantarse echará menos un Plutarco que se le cayó de la manga; tendrá críticos de faltriquera como huevos, y autores de falda como perrillos; y enviará á pedir por la vecindad prestado un Tertuliano para cierta advertencia. Idiotas y Plagiarios y Magistas son otro tanto oro para decir mal de los modernos; y quando las otras digan que hacen vaynicas, si la preguntaren qué hace, diga que comentarios, notas y escolios, y sean á Plinio si fuere posible. Tenga achaques de varias lecciones: y si estuviere preñada se le antojen Escalígeros crudos; y á las joyeras pregunte si tienen cinta de Musaaco, ó tocas de Casaubon, que son buenos nombres; alabe sin qué ni para qué la fatiga de los ultramarinos, quando en las visitas traten las otras del mal de madre; y si la preguntaren con qué se lava?, responda, que con algo de la Vaticana, que aunque no es á propósito, es culto. Cada momento ha de hundir la casa á voces y gritos, que alborote el barrio, sobre que ha de parecer el Quintiliano si se hunde el mundo, que no piensen que ha de ser como el Macrobio, y aquí se ha de desgañifar, que con esto, Dios delante, no la entenderá nadie, ni aun ella se entenderá, y gastará lenguaje hermafrodito; y si dixeren, ya te entiendo, será san-tan-ton, y no culta. Solo en el pedir han de gastar vuesas mercedes claridad infinita, porque el dar es rudo, y no traduce otro comento que el de Noe.

## Siguese el disparatorio

Con que en muy poco tiempo, sin maestro, por sí sola qual-
quiera muger se puede esperitar de lenguaje y hacerse enfa-
dosa, como si toda la vida lo hubiera sido, que los propios
diablos no la puedan sufrir, y es probado.

## Cultigracia

A su marido, por el astío que causa el tal nombre, le llamará mi quotidie, mi siempre; y á él se le dexa su sempiterna á salvo para quando nombre su muger.

Si se ofreciere decir que despavilen las velas, dirá: suena catarro luciente: excita explendores, pañizuela de corte

Quando llamare á las criadas, no diga ola Gomez, ola Sanchez, sino unda Gomez, unda Sanchez, que unda y ola son lo propio, y ellas, aunque no lo entienden en latín, lo obedecen en romance, pues lo unden todo.

Si hubiere de mandar que la compren un capón, ó que se le asen, ó que se le envien, que es lo mas posible, no le nombren, por excusar la compasión de lo que le acuerda, llámele desgallo ó tiple de pluma.

Para decir caldo sustancial, dirá: Licor quiditativo.

A las revanadas de pan llamará planicies.

Y porque la palabra gota es muy facinerosa, y para los oyentes abunda de cosquillas; si se ofreciere decir deme una gota de agua, ó deme dos gotas de vino, diga denme una podagra de agua ó denme dos podagras de vino.

Al nudo ciego llamará nudo rezante.

Al queso ceniza de leche.

Al escudero llamará manípulo.

Para no decir estoy con el mes, o con la regla, se acordará que de las fiestas de guardar se escriben con letra colorada, y dirá estoy de guardar; y si el interlocutor es graduado, dirá tengo calendas purpúreas.

Quando la preguntaren ¿cómo va v. merced? por no responder con nota de agua va, la palabra fregona, al servicio de vuesa merced, dirá: estoy á vuesa merced oficiosa y afecta: y si se quisiere encarnar mas en latín, diga: adiecta. La riña llamará palestra: al espanto estupor: supinidades las ignorancias; estoy dubia dirá, no estoy dudosa. Al arrope llamará crepúsculo de dulce, ó abrigo sabroso, que arrope y abrigue todo es uno, y digalo en el invierno.

Dame vino no lo dirá, sino cultivando la embriaguez, dirá: dame llegó, que llegó y vino todo es uno; y no se disfama el gaznate, y una dama pide taberna en buen hábito, que yo conozco búcaros que sirven al tragazo de carátulas de Portugal, com poco temor de los empegados.

Al moño en culto llamará herencia, pues queda de las difuntas, y en plusquam culto dirá: Traigo el eco del malo rizado, ó el enemigo sin di, pues dimoño es el enemigo y quitándole el di, es moño diablo mudo, y también le llamará el casi diablo, y advierta no resvale y le llame el cachidiablo de pelo.

A la olla la llamará la madre meridiana, y para decir no como olla, dirá: estoy desollada, y podrá acertar con dos verdades. Al ruido llamará estrépito, á la hoguera pira.

Para decir yo gusto de beber frío de nieve dirá: bebo con armiño del frio, con requesones de agua, con vidrieras de

Diciembre, con algodón llovido, con pechugas de nubes; que poder remudar frases es limpieza.

Ninguna culterana de todos quatro vocablos ha de llamar cohe coche, porque no la respondan los regüeldos ó los cochinos; debe decir: Auriga, pon el pasacalles, que aunque va á riesgo de una arrebatiña de barberos, es mejor voz á pagar de mi prosa.

Si la culta fuere vieja, como suele suceder, para no decir á la criada que la afeite, macízame de pegotes de solíman estas quixadas; y por los carcabuesos de las arrugas, dirá: jordaname esas Navidades cóncavas; y si hubiere de mandarla que la tiña la greña de canas, la dirá: pélame esos siglos cándidos, obscuréceme esas albas.

Si llegare á mandar que por falta de dientes la llene la boca de chitas forasteras, dirá: fulana, empiédrame la habla, que tengo la voz sin huesos.

Si fuere moza, aunque tenga una cara bruxa, que de puro untada vuele por las chimeneas, no ha de decir que se afeyta, dirá: vengo bien mentirosa de facciones.

Y para decir que se pone mudas en las manos, dirá: yo traigo concallados los diez embelecos.

A los chapines llamará posteridades de corcho, adicciones de alcornoque, tara de la persona, ceros de la estatura.

Si se ofreciere decir no vengo apercibida, dirá vengo inerme, y encomiéndese á Begecio.

El burlar, llame frustrar.

A las dueñas llame funestas; y si al epíteto pusieron pleyto los cipreces, en tanto que lo juzgan las lentejas, llamarálas desombradas.

No dirá aunque la asierren, estoy preñada en tres ó quatro meses: pero dirá: dos en tres, dos en cinco, dos en nueve y al cabo añadirá, yo me entiendo, que para eso se hizo el chiste.

En las visitas no dirá, arrastre esa silla, que es ajusticiarla, dirá: aproxîma requiem, sin temor de los responsos.

Ingredientes llamará a los entrantes, aunque lo gruñan los boticarios y alquimistas.

No dirá zapatilla de pocos puntos, ni calzo, ó tengo el pie pequeño; dirá: tengo pie lacónico, ó calzo vizcaino.

Si se ofreciere decir quisiera aloja y barquillos, antes la buena cultosa reviente de sed que diga barquillos y aloja, dirá: traigan bibe y rumores de oblea; y si hubiere suplicaciones, llámelas preces volubles; y haga Dios lo que fuere servido, que aloja y vive para con Dios todo es uno, y así se platica en las casas de posadas.

Es hombre honesto, dirá por no decir pesado.

Al pastel lo llamará pícaro de masa.

Para no decir vengo mal tocada, dirá: vengo mal adjetivada.

Al paje llamará intonso.

Está inmediata, para decir está cerca.

Por no decir estoy al cabo, dirá: ya agonizo, y Dios la oiga.

A las medias llamará no enteras.

Circundada, dirá no cercada.

Al veinte y quatro de Sevilla, ó de otra parte, el señor dos docenas, y es cuenta cabal.

Soy poco fausta, por poco dichosa.

Por no decir me acaba, dirá v. merced me estrangula, y es cosa muy lucida.

Suele ser forzoso pedir un guisado, ó un pastel de turmas, y por no empreñar la prosa, se irá castrando la palabra de esta manera: denme un pastel de virilidades, ó hagáse hombre el guisado.

Mesticia, es mejor que tristeza.

Por no decir ventosidades, dirá: tengo éolos ó céfiros infectos.

Pide el médico el pulso ú otra cosa á alguna persona, no se ha de decir: tome v. merced, ni esta maldita voz se oiga en boca de hembra. Tome, digan ellos; y la cultisima dirá: aprehenda ó accipia.

En los pésames ha de encadenarse la palabra singultos por sollozos, atros por lutos, sarcófago por sepultura.

La palabra sepelido no se olvide.

Y si el viudo o apesamado consiente se dirá: manes, con sus sidereas sedes, y su polvillo de parcas.

Los rudimentos de la mesa se han de llamar los antes, y los postres la contera del mascar.

Para decir, traeme dos huevos, quita la claras, y trae las hiemas, dirá: traeme dos globos de la muger del gallo; quita las nóculas, y adereza el remanente paxizo.

Huevos frescos son globos instantáneos.

Encomiéndesele mucho, aunque no venga a propósito, estas palabras: lenta, intestina, palumbe, y sobre todo patíbulo y truculento.

Estoy con fábricas dirá por no decir cámaras.

Si hablare de Predicadores, llámelos metódicos, provectos, eruditos, fecundos, invectivos é hiperbólicos.

A la melecina o xeringa llamará ojeriza de azofar; y á la cala, entremetida en cosas particulares.

Por no decir, antes es apretado de bolsa que dadivoso, dirá: v. merced antes es estítico de bolsa, que diurético.

Y porque si dura la visita ó conversacion mucho tiempo suele acabarse á algunas cultas la cultería, y tienen conversacion remendada de lego y docto, y se quedan á buenos romances como á buenas noches, se ha de valer el laberinto de las ocho palabras que nunca se acaban.

**Las ocho palabras son estas:**

Sí, bien, ansí de buen ayre, descrédito, desaseada, cede, aplaudir, anhelar.

*Dánseles por aforro y acompañadas las siguientes:*

Galante, fino, sazon, emular, lo cierto es, esfuerzos, exemplos, aunque.

## Incipit culti gratia

Hilban perpetuo de dislates, sin salir de las ocho palabras en todas materias, quando la doña Tal Latiniparla, suelta la taravilla y dice así:

Aunque ceda el descrédito, es galante la fineza, si aplaudida anhela; sí bien emular es desaseo de poca sazon: así, mas no dexa de ser galante por fino; y lo cierto es así, que no se está de buen ayre en el descrédito; así por aplausos de la emulación; así cedida a los esfuerzos desacreditados en lo galante de mejor ayre, si bien desacreditan esforzados así.

Y con volver á lo: cierto es, que es coyuntura de todos los desaliños, y sembrar la plática de: ansí es, irá la buena Culterana salpicando de necedades por donde quiera que hablare. Si así lo hiciese, el latín la ayude; y si no, el romance la lleve.

Amen

Fin de la culta latiniparla

Printed in Poland
by Amazon Fulfillment
Poland Sp. z o.o., Wrocław

69305499R00018